AF144:15

F.W. Bernstein

Frische Gedichte

Verlag Antje Kunstmann

© Verlag Antje Kunstmann GmbH, München 2017
Lektorat: Thomas Bodmer
Satz: Schuster & Junge, München
Druck und Bindung: CPI – Clausen und Bosse, Leck
ISBN 978-3-95614-169-0

Für S

MEIN PROGRAMM

Ihr sucht
Verse von schnatternder Wucht?
Ihr findet sie hier:
Alle von mir!

INHALT

DRINNEN UND DRAUSSEN

Morgenstund

Wolkenballen, tonnenschwer,
schweben himmelhoch.
Nebelkrähen schreien heiser.
Solln se doch.
Nur bitte, wenn's recht ist, etwas leiser.

Guten Morgen!

O Morgenröte um halb acht,
die kalte Nacht vergangen.
Ich lebe und bin aufgewacht.
Der Tag hat angefangen.

Ich trinke meinen Morgentee
und füge mich zusammen:
Wie war die Nacht? Was tut heut' weh?
Die Sonnenaufgangsflammen

begeistern unser Nachbarsdach
da draußen vor dem Fenster.
Die Nachbarskinder machen Krach,
vertreiben die Gespenster.

O Bademantelmorgenstund'!
Ein Stückchen Schokolade?
Die Heizung gluckert glücklich, und
ich zieh mich aus und bade.

ZWEIBEIN

Meine Hose besteht aus zwei Röhren,
wo meine Beine hineingehören.
Bein eins, links hoch!
Oben rein – dort, das Loch!
Rechts Bein zwei – VORBEI! Noch mal
Und WUTSCH! Unten raus Fuß eins, Fuß zwei
haarscharf am Hosentürl vorbei,
unten raus zweimal Fuß.
Gleich ist Schluss.
Meine Hose kann bald gehn,
schon kannst du Füße schlüpfen sehn.
Jetzt du:
Wo ist Schuh?

DER BARTTRÄGER

Ich trage einen Bart am Kinn,
weil ich ein Kinnbartträger bin.
Ich zeige meinem Bart die Welt.
Sie missfällt.

Mein Bart tut seine Pflicht. Er spricht:
»STRAFGERICHT! STRAFGERICHT!
Die Geißel Gottes bin ich ja.
Jucheißa, hussa, hopsasa!«

VOR DEM FRÜHSTÜCK

Ein Sonntag nass und grau.
Zauberopernklänge!
Braunkohltagebau.
Schlussverkaufsgedränge …
Das muss nicht sein.

Es ist, als ob der Regen
den Sonntag nass gemacht.
Wir wollen uns jetzt regen
nach einer guten Nacht.

Du musst noch Zähne putzen,
die Äuglein ausgewischt,
die Fingernäglein stutzen –
das Frühstück aufgetischt.

So kann der Tag beginnen.

ARBEIT?

Dort am Dach die Dacharbeiter
hüpfen, tanzen froh und heiter.
Arbeit, die sieht anders aus
als auf dem Dach vom Nachbarhaus.

FERNSEHDRAMA

Der Fernseher kaputt.
Weil er nicht richtig tut.
Schneebild, Streifen, Bilderschlamm –
das volle Programm.
Zwei Monteure holen ihn ab
treppab.
Zwei Monteure treten auf
treppauf.
»Chef, wohin?«
»Da drin!«
Sie heben den Ersatz
auf den Fernsehplatz.
Sieh nur: Dieser Apparat
hat extremes Querformat,
Halbfiguren extrabreit.
Schon nach kurzer Zeit
bringen die zwei das alte Gerät,
das wieder geht.
Unser Fernseher war kaputt.
Jetzt geht's uns wieder gut.

Vom Knopf

Hei, da sind Monteure da!
Juppheidi und Juppheida!
Der Heizungsknopf ist ab.
Schlappdiwapp!

Er wird jetzt wieder dranmontiert.
Wenn einer seinen Knopf verliert,
dann sind die zwei Monteure da.
Jabidabidabidaaa!

JAGDBERICHT

Im Hinterhof Kaninchenjagd:
Kaninchen hat sich freigenagt,
aus seinem Häuschen ausgebrochen,
rausgekrochen.

Flüchtling wird entdeckt,
hat sich schlecht versteckt.
Es hüpft im Hinterhof. Holla!
Schon sind fünf Hasenjäger da.

Kaninchen wird gejagt, und das
hüpft, schlägt Haken, macht viel Spaß.
Die Jäger laufen, man hört sie keuchen,
wie sie das freie Kaninchen scheuchen.

Wir wollen die Jäger jagen lassen
und uns mit wichtigeren Themen befassen:
Gene, Terror, Zeitkritik,
Korruption und Politik,

Attentate und dann diese
Pi-Pa-Po-Parteienkrise:
die FDP, die CSU,
die Linke gibt auch keine Ruh –
Wir unterbrechen. Ein neuer Bericht:
Sie haben das Kaninchen immer noch nicht.
Wir halten Sie auf dem Laufenden, und
zur Beunruhigung besteht bis jetzt gar kein Grund

KEKS UNTERWEGS

Der Garten überhaupt – oh, dieser Garten!
Im dunklen Teiche blüht der goldne Fisch,
und Blumen schmücken sich, dir aufzuwarten,
verschwender-, maler- und verführerisch.

Und Early Morning Tea in steilen Tassen.
Fast schöner noch scheint mir der mürbe Keks.
Mit unseren Gefühlen gilt's zu spaßen;
und wer die Sehnsucht kennt, ist unterwegs.

Mich locken Bilder von dem schönen Ort.
O gladness, madness: Dorthin zu gelangen,
wird noch viel schöner sein – Hör auf, geh fort!
Mir bleibt das Schönste vorerst: das Verlangen.

Doch Ihr, geht hin und prüft auf Eurer Reise,
ob dieser Traum als Wahrheit sich erweise.

WUNDER DER NATUR
Eine Litanei

Das Gras, die Wolke, Pinguin,
Klippschliefer, Grünkohl, Dachs und Geier,
Feld, Wiese, Wald, darin
die Rehe, Hasen und in freier
Wildbahn der wilde Majoran.

Dann Faultier, Sittich, Eiderente,
Panda, Panther, Pelikan,
Grünkohl – War schon? Riesterrente …
Giltet nicht? Dann die Frisur.
So viel zu Wundern der Natur.
Alles klar?
Wunderbar.

JAHRESZEITEN

Warum Freund Frühling blüht und singt?
Witterungsbedingt!

Sommer wird's. Was will ich denn?
Soll doch Sommer sein!
Werd ich eben fröhlich – ich,
Sommersonnenschwein.

BAUM

Baum, hast im Wald nix verloren,
stehst, Baum, am schönsten allein!
Bist, Baum, in Freiheit geboren;
nicht im Wald, sondern solo sollst sein!

Im Wald, eingezwängt unter andern
über wucherndem Unterholz,
kannst, Baum, nicht mehr einsam wandern.
Sag, Baum, wo bleibt da dein Stolz?

Dein Platz ist auf unserer Straße.
Du gehörst auf die Autobahn,
Baum, ab auf die Autobahn!
Dort kannst, Baum, du tuten und blasen.
Komm raus, Baum, und fang endlich an!

Auf die Autobahn sollst du dich stellen,
auf die Autobahn.
Dein Platz, Baum, ist auf den Straßen
im öffentlichen Raum.

Komm raus, Baum, lass dich einpflanzen
in den öffentlichen Raum:
Spielfeld-
        Autobahnbaum
                        Strafraumbaum
der einzige weit und breit.
Was willst du bei anderen Bäumen?
Ich weiß, woanders, da hat's
im Stadion weite Räume:
Im Strafraum, Baum, ist dein Platz.

DAMALS IM PARADIESGÄRTLEIN
Abgesang auf meine Fünfzigerjahre

Hier steh ich im Garten, bau Unkraut und Kraut,
was man halt so alles im Garten anbaut:
die Rübe, die Bohne, den Rettich,
den Schnittlauch, die Zwiebel, Kartoffeln und Kol
Tomaten, Salate, die Gurke, jawohl.
Doch lieber als alles das hätt' ich

nur Rasen, darauf einen Liegestuhl
wie die Nachbarin drüben sowie einen Pool
und nicht nur Bohnen an Stangen.
Musik liegt in der leuchtenden Luft,
ich rieche Jasmin und Rosenduft –
o Nachbarin, du mein Verlangen!

Mühelos schwebst du im goldenen Grün,
und um dich herum hundert Blümelein blüh'n.
Schon lockerst du – Hallo! – dein Mieder.
Die schönste von allen Nachbarsfrau'n
dort drüben über dem Gartenzaun
winkt sie? Da winkt sie schon wieder!

»Na, Kleiner, was ist? Steh nicht so dumm rum!«
Doch ich grab den Garten um und um:
O Gott, will die Frau mich haben?
Schweiß bricht aus, ich schau nicht hin.
»Lass ab, du geile Verführerin!«
Muss weiter den Garten umgraben.

Gelobt sei verschärfte Gartenarbeit;
sie schützt vor Lust und vor Seligkeit,
vor dem Glück des Sündenfalles.
Und wenn das nix nützt:
Hinterm Stachelbeerstrauch
die kalte Dusche, der Gartenschlauch …
Mit den Fünfzigerjahren ging alles
vorüber, vorbei. Mir bleibt nur dies:
der Traum von den Wonnen, vom Paradies.

Vorgartenidylle

Wenn man mir Raum und Zeit zum Zeichnen bö
und ich wär zeichnerisch auch gut:
Der Aufsichtsrat, halb nackt, bliese die Tröte
in seinem Garten und mit Hut.

Wie zierlich die Konturen der Figuren,
schön hüpft die Gi-Ga-Gärtnerin.
Ich brächte alle toll auf Touren:
Ein Bacchanal käm' mir in' Sinn,

die Himmelfahrt grad aus dem Höllenrachen –
oh, eilige Zweieinigkeit!
Ein Hasenfuß und mehr so Sachen
überbordender Sinnlichkeit.

Die Szenen sind verbal nicht ganz zu fassen,
nur mit Musik und Fantasie.
Auch Zeichnen sollt' ich lieber bleiben lassen –
so klappt das nie.

Durch unsere Gärten toben die Hormone,
und heißer wird es untenrum.
Schnell schnauft der Aufsichtsrat und ohne
Hose – Schluss! Aus! Zu dumm!

Die Erdbeerbeete wären arg verwüstet,
Freund Schnittlauch in Mitleidenschaft,
und unterm Rosenstrauch …
Ach, wenn ihr wüsstet!
Auch Grafik wäre mangelhaft.

Das Tier und wir

DIESE WEPSE!

Ist mir ins Hosenbein gekrochen,
hat mich gestochen
ins Knie.
Und wie!

Stich hat sich gerötet,
hab ich sie getötet
PATSCH!

Wo Stich, da ist jetzt rot.
Weps ist mausetot.
Stachel – zack! – gezückt,
klebt sie und ist zerdrückt.
Hab ich, wie man so sagt,
Glück im Unglück gehabt:
Wär' Weps weiter bergauf gekrochen,
hätt' sie mich ins Hodensäckel gestochen –
Genug! Nicht auszudenken!
Den Rest kann ich euch schenken.

Ach, ich weiß doch, alle Leut'
hätt' mein Schaden sehr gefreut,
hätten arg belacht,
was mir Schmerzen macht.
Doch zum Glück war Weps schon tot,
bevor sie Grund zur Freude bot.
Sie stach mich nur ins Knie.
Aber schon wie!

DREI ZWEIZEILER

Der Fuchs, der brät sich eine Gans.
Er tut's nicht ohne Grund: Er kann's.

Nagetiere? Nun, sie nagen!
Sind noch Fragen?

Hase hat zwei lange Ohren.
Das dritte Ohr ging früh verloren.

VOGELKUNDE

Ein Mauersegler? Kann nicht sein:
Sind schon weg. Dann wird es ein
Adler sein?
Kein Adler!
Dann ein Haubenspecht?
Mir ist jeder Vogel recht.
Auch für den Spatz
hat's Platz.
Mauersegler wär gelogen:
Ist schon fotteflogen.

VON DEN FLUDERMÄUSEN

Die Fludermaus ist so allein;
viel schöner wär's für sie zu zwein.
Solo eine arme Sau.
Genau!

Die Operette »Fludermaus« –
wahrscheinlich von Hugo Strauß.

Fludermäuse, stillgestanden!
Seid ihr alle noch vorhanden?
Ja.
Alle restlos da.

Fludermausi Nummer 1
heißt mit Vornamen Karl-Heinz.

Felsenfest in dem Gehäuse
sitzen siebzehn Fludermäuse.
Eine Fludermaus, die steht,
weil sich alles um sie dreht.

Heilig spricht man Santa Flu,
doch noch heiliger bist du.

Zwei Hunde und ein Mann

Zwei Hunde und ein Mann.
Sie liegen im Pelz ihm zu Füßen.
Na, ihr Süßen?
HECHEL, HECHEL, KNURR!
Was haben sie nur?
WUFF! WAU WAU!
Aua! Au!

Da wurde, wie wir jetzt wissen:
gebissen.
Ein zweiter Mann, der kam ins Spiel.
Das war einer zu viel.

HAUSTIERE

Nachbars Katz im Treppenhaus,
die ist sehr erschrocken.
Sieht dort eine Treppenmaus
auf Stufe sieben hocken.
Und?
Nix »und«.

DIE DREI MEISEN
AUS DEM MORGENLAND

Die Hauben
die Kohl
die Schwanz
die Blau
Das sind aber vier?
Genau!

FROSCHWERDUNG

Am Anfang war – Wie war das doch gleich?
Das Chaos? Das Wort? Die Nacht?
Nein, da war Laich!
Und dann?
Dann kam der Oberfrosch, und der
schuf Himmel und Pferde, Kaulquapp' und Meer.
Erzherzog Darwin, ein Gottessohn,
versuchte es dann mit der Evolution.
Die ging, wie wir wissen, daneben.
So entstand das Leben.

ENDE MIT SCHNEPFEN

Wir tafelten lange bei Goethe
und tranken Wein aus dem Hut.
Er zeigte uns Schnepfenköpfe
aus seinem Umzugsgut.

Wir fackelten nicht lange:
Goethe, jetzt bist du dran!
Wir haben ihn verhauen
mit seinem Kickelhahn.

ERMUNTERUNG

Momentan
kräht kein Hahn
mehr nach mir.

Dummes Huhn!
Musst was tun!
Sei ein Tier!
Vielleicht kräht er
dann, und später
steigt er auf dich drauf.
Lauf, Hühnchen, lauf!

DER SPATZ
Für Fanny Müller

Macht Platz
Es kommt der Spatz!

Fanny, drauß' auf dem Balkon
sitzt der Spatz. Er wartet schon.
Fanny, ach, das ist gelogen:
Spatz ist eben weggeflogen.

Spatz hat nicht gewartet.
Spatz ist schon gestartet.
Spatz erhält Balkonverbot
und muss ohne Abendbrot
ins Nest!
Spatz, verstehst?
Wirst in Grund und Boden gereimt,
ungeschleimt,
wirst lyrisch vernichtet –
Genug gedichtet!
Spatz,
Platz!

DIE WINTERMEISE

Fremd bin ich eingezogen,
fremd flog ich wieder raus:
Das Haus war schon bezogen
von einer Mietermaus.

Die Meise ohne Wohnung –
Was daraus werden soll?
Von Schubert die Vertonung:
Vierfvierteltakt, d-Moll.

DIE MAULWURFSGRILLE
Ein Antrag

Schau an, dies Gi-Ga-Gartentier,
Herr Gott, sag selbst: Gefällt es dir?
Ist's, wie es ist, dein Wille?
Wir reden hier von dem Insekt,
das tief im Gartenboden steckt:
Da steckt die Maulwurfsgrille.

An sich ist sie ja ziemlich klein,
kleinfingerlange Gartenpein,
doch riesenhaft gefräßig.
Noch größer als die Hässlichkeit
ist immer die Gefräßigkeit.
Ihre Moral ist mäßig.

Sie frisst sehr viel, ja, mehr als das:
Ihr ganzes Tun ist nichts als Fraß!
Du kennst schon die Beschwerden?
Herr Gott, mein Antrag, bitte lies:
Nimm sie zu dir ins Paradies.
Du wirst dann selber sehen, wie's
schöner wird auf Erden.

Vom Dichten, Sport und Mord

DEM LYRIKFREUNDE

So nimm denn, Freund, dir dieses Büchlein vor
und überprüfe Inhalt, Ton und Form.
Und wenn's der Worte wert ist, dann besprich es
als etwas Gutes oder Wunderliches.

Dein Urteil sei die Pforte meines Ruhms,
mein Niedergang, mein Absturz, mein Triumph.
Leg an dein Maß, und lass die Welt es wissen,
ob dieses Zeug saugut, ob es beschissen.

DICHTERPFLICHT

Was in Menschenseelen wühlt,
was das Herzelein so fühlt,
gibt, weil er das soll,
der Poet zu Protokoll.

Soll der Dichter Anteil nehmen
an bedeutungsvollen Themen?
Politik und Geld und Gott?
Korruption – Schockschwerenot?

Aber das ist Lyrikwahn.
Wichtig ist mein Wasserhahn!
Spritzt er, pladdert er und tropft?
Er ist undicht, ist verstopft …

Wasserhahn? War nur ein Scherz!
Lyrik ist doch Herz und Schmerz.

Ri-Ra-Ro

Reclam-Übungen

Raabe, Russell, Raddatz, Rapp,
Rauke, Radbruch, Rammler,
Raudolf, Raber, Rathenau,
Sigismund Radecki.

Rebmann, Rebhuhn, Reclam,
Rehn, Remer, Reich-Ranicki,
Raimund, Reimann, Reimar, Reich,
Regnat, Reinhold, Reuchlin.

Rickert, Richel, Ringelnatz,
Rilke, Richter, Rinser,
Riegel, Rückert, Rivarol,
Riebold, Riemer, Riedel.

Roda-Roda, Roberthin,
Rossmann, Rosendorfer,
Rosenroth und Rosenrot,
Rotter, Rosenhagen.

Rumpelpumpel, Rühmkorf, Runge,
Ruppertsberger, Russ,
Rudnik, Russwurm, Rühm, Rubiner,
Rulaman und Ruf.

Ra-Re-Ri-Ro-Ru
Jetzt kommst du!

ÜBER ZWEI STUNDEN

Über zwei Stunden und über Nacht
keine Zeile zustande gebracht.
Kann's nicht mehr bringen,
's will nix gelingen.
Versepos schreiben?
Lass bleiben.

So möcht ich dichten können

So möcht ich dichten können,
so wie der junge Mendelssohn und sein Oktett:
Das geht so froh über alle Zäune und umhuscht
die üblen Möbel, die in der Lyrik herumstehen:
Tiefentisch, Bedeutungshocker, Sesselernst,
das Symbolbüfett, das Vertiko für Relevanzen.

RÄUM DIE REIME WEG

Räum die Reime weg!
Nein!
Reim kann bleim
Weg mit dem Bedeutungsschmutz!
Ich zähl die Wörterchen und putz
die Lichter des Gedichts.
Sonst wird das nichts.

DER GEDICHTEMACHER

Warum soll ich mir Mühe geben?
Wozu nach Vollendung streben?
Ich geb mir keine Mühe mehr.
Bitte sehr:
LIRUM LARUM SÜPPENSCHUH
DIEBEL DABEL PUSTEKUH
HORRIBEL SCHURRIBEL SCHNURZ
Kurz ist der Furz.
Das Gedicht ist schlecht.
Schon recht.

VOM SINN

»Erst kommt der Reim, dann der Sinn«,
sagt die Punkrockband Cockbirds

Auch die Hühner werfen Schatten,
wenn sie in der Sonne stehn.
Sinnvorräte, die wir hatten,
schwinden, schmelzen und vergehn.

Vergeuden wir den Restsinn, dann
fängt sinnfreies Leben an.
Der letzte Sinn – da geht er hin.
Sinnverlust ist Lustgewinn.

WIEGENLIED

Ich wurd' mit zwei Ohren geboren,
die hörten so süßen Sang:
Ich, Fritzle, sei auserkoren!
Mir wurde so froh und so bang.

Das war ein Jauchzen, Frohlocken!
In dulci jubilo!
Man legte mich mehrmals trocken.
Mir war so bang und so froh.

An der Wiege wurd' mir gesungen
von mehreren Vorkriegsfeen.
Sie sangen mit Engelszungen,
ich konnte sie fast versteh'n.

Sie sangen in höchsten Tönen
von meinem künftigen Ruhm:
vom Grotesken, Guten und Schönen.
Noch sei ich ja klein und dumm,

doch tät' mir groß' Ehr' widerfahren:
Preis für grotesken Humor
in nicht ganz siebzig Jahren.
Das ist jetzt! Wie komm ich mir vor?

Bei all den größten Geistern!
In einer Reih'
mit Meisterinnen und Meistern!
Und Weigles Fritz ist dabei.

Einen Preis entgegennehmen

Einen Preis entgegennehmen,
einen richtig guten Preis,
hab ich damit groß Problemen?
Nö. Ich weiß:
Der Stolz, das ist das Schlimmste.
Was man dir gibt, das nimmste.

BLAUSAU

Ich, ein Gemälde malen?
»Die Welt, so wie sie ist«?
Das wär' – ich will nicht prahlen –
surrealer Mist.

Das Malen lass ich bleiben.
Mein Nichtbild zeigte genau,
ich will es so beschreiben:
eine blaue Sau.

DER ANPASSER

Ich pass mich an die Besten an,
an die, wo man sich anpassen kann.
Dann wird man richtig gut,
wenn man das tut.

SCHAFFENSKRISE

Ach, wie soll ich Schönes schreiben,
wenn's nicht geht?
Wie kann ich denn Lyrik treiben,
wenn's so um mich steht?

Nicht mal was Geniales
fällt mir ein.
Ach, es ist ja so egal, es
soll nicht sein.

Mit mir ist nix mehr los,
mit mir geht gar nix mehr.
Das Dichten fällt mir ziemlich schwer.
Was fehlt mir bloß?

Was hab ich? Ich kenn's! Man nennt's
kreative Impotenz.
Und davon kommt diese
sogenannte Schaffenskrise.

Hier mein Bericht.
Und ist der nicht
ein Gedicht?

Inspiration

Als mich früh mein Dämon rief,
lag ich flach im Leistungstief.
Fahr ich meine Lyrik hoch
LYRIK HOCH
Geht doch noch.

GRÖSSENORDNUNG

Kleiner als ich? Kaum einer!
So klein, wie ich einmal war,
bin der Größte der Kleinen
aus Deutschlands Dichterschar.

Rilkes Reissnagel

Sein Stich ist vom jahrzehntelangen Stecken
so stumpf geworden, dass er kaum mehr sticht.
So viele spitze Stifte endlich brechen –
sein kleiner gold'ner Stichel, der bricht nicht.

Und noch im Kehricht ragt aus runder Fläche
sein Stachel wie vor allem Anbeginn.
Als ob er nur aus Schwäche stäche,
so seines Wesens Wahn und Abersinn.

Oh, wärest du ein Wissender, der wüsste,
was jeder ohne Schuhe wissen muss:
Wie deinen Tritt er mit dem Stich begrüße.
Wer hört dein Schrei'n? Wer tröstet deinen Fuß?

Zu Rilkes »Vorfrühling«

»Kleine Wasser ändern die Betonung.«
Rainer Rilke! Ohne Schonung
weiter: »Zärtlichkeiten, ungenau«
Diese Sau!
»greifen nach der Erde aus dem Raum.«
Man glaubt es kaum!
»Was eine Frau im Frühling träumt,
ist ach so dumm und ungereimt.«
So ging's in Operetten zu.
Nu kommst du!

HERR RILKE

Herr Rilke, es ist Zeit!
Der Sommer war sehr groß.
Sitz hier nicht rum,
leg lieber deinen Schatten
auf die Sonnenuhren.
Und, ach ja, auf den Fluren
lass die Hunde los.
Und hilf mir doch mit dem
verdammten Scheißreißverschluss!
Halt, noch was:
Befiehl den letzten Früchten
reif zu sein.
Das kannst du doch.
Gib ihnen noch
zwei südlichere Tage
und jage – Hörst du? Ich sage: »jage« –
die letzte Süße in den
schweren Wein.
So viel erst mal.
Mach zu!

OBACHT, LYRIK!

Rilke erfindet das Dinggedicht.
Einige Dinge dichtet er nicht.
Die Wurzelbürste ist so eine:
In Rilkes Werken findest du keine.
Keiner von all den Dichterfürsten
kümmerte sich um Wurzelbürsten.
Vom Büstenhalter gilt das auch:
Poeten stehen auf dem Schlauch.
Keinem wollt' es bislang gelingen,
schön von diesen Dingen zu singen.
Wu und Bü – schon die Silben glänzen,
jetzt nur noch Li-La-Lyrik ergänzen!
Und als Nächste kommen dran:
Hosenträger und Wasserhahn.

DIE WELTVERBESSERUNG

Du siehst, wohin du siehst, nur heile Welt auf Erden:
die Missstände gegeißelt, Sünden ausgeräumt;
das Paradies Wovon du nächtelang geträumt?
Wenn's nach mir geht, soll's noch viel heiler werden.

Als Weltverbesserer brauch ich vor allen Dingen
der heft'gen Texte Pracht, die Schönheit des
Cartoon,
und auch die Komik hat mit diesem Werk zu tun,
soll die Verbesserung nachhaltig gut gelingen.

Am Anfang war der Furz, der Urknall der Satire.
Eh noch die Welt entstand, da roch es
                                   manchmal streng.
Doch man gewöhnt' sich dran und sah das
                                   nicht so eng.
Heut sind wir unflatfrei und duften so wie
                                   Ihre Socken.

Nach dem Spiel ist vor dem Spie[l]

Was ist das Fußballspiel? Was Wunderbares!
Vom Anpfiff an bis in die Nachspielzeit
nur Glück und Glanz und Widerwärtigkeit,
und zum Verzweifeln ist es – und so war es.

Auswechselspieler auf der Aschenbahn,
sie traben – Aus dem Rasen schlagen Flammen,
im Stadion bricht gleich ein Tor zusammen.
Der Lautsprecher sagt das Weltende an.

Und ein Gesang torloser Höllenpein.
Ein Spieler zögert mit der Ballabgabe:
Es schreit sein Knie, als ob es Schmerzen habe.
Der Schiedsrichter befiehlt ihm, still zu sein.

Ein Weltenrichter pfeift. Wie ist es ausgegangen?
Wach auf, o Mensch: Es hat erst angefangen!

ABER ACH

Aber ach, es ist hienieden
selten Sieg nur und Gewinn.
Auch torloses Unentschieden
hilft nicht weiter, macht kein' Sinn.

Und so endet unser Spiel
mit zwei schönen Gegentoren.
Leugnen hilft da nicht mehr viel:
Wir sind raus. Haben verloren.

KRIMI

Leiche liegt im Morgenrot,
ist seit sieben Stunden tot.
Tatort: Morghof. Absperrband.
Waffe: stumpfer Gegenstand.
Staatsanwalt: »Was haben wir?«
»Fremdeinwirkung. Kein Klavier.«
Wer der Täter wirklich war?
SPUSI sagt's dem Kommissar.
Mord in tiefer Dunkelheit,
Elfmeter in der Nachspielzeit …
Was, wir sind im Sportbericht?
Es gibt keine Leichen nicht?
Der Elfer, der war drin!
Immerhin.

Die letzten Dinge

MEIN PROBLEM

Mein Problem ist ein massives,
schweres, großes, heißes, tiefes.
Kein Problem? Was ist es dann?
Ach, ein Schnitzel? Mannomann!

Leierabend

Egon, mein Dämon, mein Boss – er schreit:
»Bist du bereit?
Dann lass es krachen!
Du sollst die Welt vernichten und …«
»›Retten‹, mein Egon!« Auch ein Grund
für einen korrekten Vers.
Das wärs.

THEATER

Auf die Bühne alle Rollen,
die die Welt vorstellen sollen!
Dirigent, Kulissenschieber –
wer hat noch kein Lampenfieber?
Kaiser, König, Hanswurst, Star,
Edelmann, Bettelmann, treuer Husar;
Kasperle und Polizist,
der du von dem Himmel bist,
Kammerkartoffel und Zofe,
Herren und Damen vom Hofe,
Herrn in langen Unterhosen,
Regisseure und Matrosen,
Hänsel, Gretel, Stiefelkater,
Liebhaber und Heldenvater,
Mohren, Huren, Königinnen,
erste, zweite Sängerinnen,
Helme, Hüte, Mützen, Kappen,
Generale, Kobold, Knappen,
Lehmann, Ballack, Frings und Lahm,
Majestäten, Lords, Madame;

Rosenkranz und Güldenstern;
Totengräber, hohe Herrn,
Mafiosi, Priester, Geister,
Päpste, Schuster, Hexenmeister,
Hamlet, Neuhaus und der Faust,
Teufel auch, vor dem's uns graust;
Intriganten, Bürger, Drachen
und Politiker zum Lachen
und Politiker zum Schreien …
Halt, zurück, wir nehmen stattdessen
ein ganzes Rudel von Politessen.
Wird's schon eng? Dann bitte drängeln!
Es kommt ein Regiment von Engeln
und die Poeten und die Dichter,
Sopran und Bass – das ganze Gelichter,
Eimer, Ausguss, Wasserhahn –
Was? Ich fang nicht noch mal an!
Auf diesen Brettern, wo die Welt
heute den Gerichtstag hält.
Ja, hier tagt das Weltgericht,
das, wo unser Urteil spricht.
Was, das hat niemand gesagt,
dass das Weltgericht hier tagt?

Alles muss ich alleine machen.
Ich lass es krachen.

TIEF IM BETT

Lieg schon tief im weichen Bette.
Was ich noch zu sagen hätte?
Die Theorie der Badematte,
Börsensturz, die Morgenlatte,
Sinnbaukasten, Pannenquelle,
Fehlerquote, Sollbruchstelle,
Spermaspur im Permafrost,
Wechselkurs im Adlerhorst,
Störfall, Frohsinn, Obrigkeit
Versfußschweiß und Raum und Zeit –
Das hätt' ich zu sagen.
Sind noch Fragen?

NOCH EINMAL MUSS ICH

Noch einmal muss ich, dann ist Schluss,
weil ich dann nicht mehr müssen muss.
Dann darf ich, und wenn ich mal darf,
macht mich das Dürfen richtig scharf.
Ob ich's dann noch kann?
Fang besser gar nicht an.

WELTENDE

Die Zeit ist um. Es ist so weit.
Wir sind schon in der Nachspielzeit.
Schlusspfiff! Jetzt wird auferstanden!
Skelette raus, soweit vorhanden;
auf die Bühne zum Finale!
Weltgericht!

JÜNGSTER TAG

HILFE! Lärm! Der Wecker brennt.
Himmelherrgottsakrament!
Alle raus! 's is: Jüngster Tag!
Aus den Gräbern kommen Knochen,
Skelette, Gerippe rausgekrochen;
Knochen, Leichen und Skelette
raus aus ihrem Friedhofsbette;
Skelette, Gerippe, Leichen …
So, das dürfte erst mal reichen.

WELTGERICHT

Oh, ihr Verbrecher, ihr Schurken, kommt her!
Ich werd' euch jetzt bestrafen.
Von euch geht ab heute keiner mehr
ohne Abendbrot schlafen.

Das sei keine Strafe? Das sei ja ein Lohn?
Das sei der blitzeblanke Hohn?
Man ist entsetzt?
Ich seh schon: Ich bin als Weltenrichter fehlbese

Historisches und Politisches

KLASSISCHE FÜNFZIGER

Wie Beethoven fünfzig geworden ist,
das war – Moment, der Komponist
ist siebzehnsiebzig geboren;
rechne ich fünfzig dazu, ganz klar:
Das war im Zwanzigerjahr –
er hatt' es da schon mit den Ohren.

Er war ja praktisch taub; und von
der lautesten Gratulation
ließ er sich nicht mehr stören.
Er komponierte für Klavier
sein Opus hundertneun – und wir
können es heute noch hören.

Beim Herrn von Goethe war's anders, o ja!
Exzellenzen hier, Exzellenzen da.
Es feierten mit ihm wohl die ganzen
Großherzöge, Fürsten und Schranzen.

Carl August sah man sein Glas erheben:
»Mein lieber Alter, hoch soll er leben!«
Goethe verneigt' sich: »Eure Durchlaucht,
das hätt' es doch wirklich nicht gebraucht.«

WAS BLEIBT?

Als noch berühmt und hoch gehandelt
Wolfgang von Goe auf Erden gewandelt,
da gab's noch keine Fotografie,
weder von ihm noch von Friedrich Schi.

Als Denkmal groß in Bronze gehauen,
sind Goe und Schi schön anzuschauen.
Und sinken beide für alle Zeit
tief, tief ins Meer der Vergessenheit.

DER GÖPPINGER BACH

Hans Henning, genannt »der Göppinger Bach«,
schreibt eine Oper:
ACH, MACH MICH NICHT SCHWACH!
Darin kommt ziemlich zum Schluss ein Chor
von kostümierten Fleischfressern vor.
Die singen in den höchsten Tönen
von Liebeslust und von all den schönen
Dingen des Lebens wie Fleisch und Wurst
und Geld und Fußball und Hunger und Durst.
Die Handlung? Die ist rasch erzählt:
Hansi das Schnitzel ist auserwählt.
Er liebt die Köchin, doch die liebt nur
die Sonderkartoffel Topinambur.
Man gibt einen Ball – Ein Schuss, ein Schrei,
Orrore, Finale, Kartoffelbrei …
Vorhang? Nein, in der Nachspielzeit,
als keiner schießt und keiner schreit,
stürmen Göppinger Bürger aus den Kulissen
und haben mit Kartoffeln geschmissen.

Hans Henning seine Oper, die wurde bloß
einmal gespielt: vorm Göppinger Schloss.
Um ehrlich zu sein: Das ist gar nicht wahr,
weil die Uraufführung in Uhingen war.

Von Friedrich Schillers
Träumerei

Schillers Traum: Er war verdammt
zu irgendeinem Regierungsamt.
Er konnte sich kaum erinnern:
War er Minister des Innern?
Oder träumte er, er wär'
ein geheimer Staatssekretär?
Er wacht auf, und was ist er?
Professor. Doch Goethe: Minister!

Fritz Schiller leiht ein Fahrrad aus
und radelt rasch zum Goethe-Haus.
Dort wird man uns mit neuen
und starken Balladen erfreuen.

In Marbach aber, im Schiller-Archiv,
geschah's, dass, als noch alles schlief,
man Schillers Büste zu Fall gebracht,
die irreparabel zu Boden gekracht.
Was, als es in den Nachrichten kam,
man respektvoll erschüttert zur Kenntnis nahm.

ZWEITE KARRIERE

In Weimar, von seinem Sterbebett
hebt Schillers Geist sich, und er weht,
getrieben vom Wind der Idee,
an die See.

Ans Meer, das er nie gesehen hat.
Er geht an Bord. Er wird Pirat.
Seine zweite Karriere:
Herr der sieben Meere.

FRAU AJA UNTERM MAULBEERBAUM

Wenn Frau Aja aufersteht,
Goethes Mutter – Ja, das geht
hier in meinem Gedicht.
Vor zweihundert Jahren fuhr sie hinab
in das Textor-Familiengrab –
Dort geht es nicht.

Auf, Frau Aja, auferstanden!
Da! Schon ist sie hier vorhanden:
unter diesem Maulbeerbaum.
Der gehört zur Morus-Gattung,
wuchs noch nicht bei ihrer Bestattung,
doch jetzt braucht er Raum.

Abgestützt mit dicken, langen
Maulbeerabstützeisenstangen
Morus alba – die weiße Art.
Im Liebfrauen-Schulhof ragt er – beschädigt,
doch noch lange nicht erledigt
bis zu Frau Ajas Himmelfahrt.

DIE BALLADE VON DER ENTSTEHUNG DES BUCHES »DES WEIBES GESUNDHEIT UND SCHÖNHEIT« VON KARL RECLAM

Den Genitiv- und Weibertraum
träumt einer, und der schreibt sich
Karl Reclam; sitzt im »Kaffeebaum«,
einem Caféhaus in Leipzig.

Karl Reclam ist der Bruder von
dem Verleger. Philipp sein Name.
Er, Karl, hat eine Weibermission:
den Genitiv für die Dame.

Philipp macht Universal.
Das sind die gelben Heftchen.
Die sind so billig, klein und schmal
und sind doch große Geschäftchen.

Weshalb er die Edition erfand?
Es kostet ihn keinen Pfennig!

»Faust I« ist Philipps erster Band;
verdient er gar nicht wenig.

Der Bruder Karl, der liest im »Faust«,
wie Weiber zu kurieren
aus EINEM Punkt! Dem Karlchen graust.
Er fängt an zu studieren.

Karls Hauptmotiv heißt Genitiv.
Noch hat das Weib ja keinen.
Vergeblich forscht und spekuliert
Herr Karl. Es ist zum Weinen.

»Das Weib braucht einen Genitiv«,
sagt ihm sein Dämon. »In der
Sprache such!« Und fortan lief
Karls Suche geschwinder.

Nach alter Deklination
da fehlt an zweiter Stelle
ein Fall. Doch wer vermisst den schon?
Es gibt ja nur drei Fälle.

WER ist's? Die Frau, das Rasseweib!
Mit WEM gibt's – Dativ – Zeitvertreib?
WEN sucht man in der Weltgeschicht'?
Cherchez la femme. Mehr gibt es nicht.

Karl wechselt den sprachlichen Rhythmus
für des Buches Titel, denn nur
wenn beim Rhythmus ein jeder mitmuss,
gibt's die Erkenntnis pur.

DES WEIBES schreibt er mal hin.
DES WEIBES – das macht noch kein' Sinn.
DES WEIBES – taramtata ram ta
taram ta – gleich ist er am Ziel.
DES WEIBES – es fehlt nicht mehr viel,
und schon nach wenigen Stunden
hat er Titel und Losung gefunden:

DES WEIBES GESUNDHEIT
UND SCHÖNHEIT
ein Titel in voller Pracht.
Den Genitiv des Weibes,
Karl hat ihn möglich gemacht.

Er muss nur das Buch noch verfassen.
Das tat er. Muss man ihm lassen.
Des Genitivs Entdeckung – und
seither ist Frau schön und gesund.

Ein Göppinger Abriss

Das war die Heininger Straße
am südlichen Rand der Stadt;
wir zogen zum Stiefvater Mayer,
der dort sein Häusle hat.

Das war die Heininger Straße,
nach Heiningen führt ihr Lauf;
rauf auf die Heininger Steige,
am Südpol erst hört sie auf.

Das war die Heininger Straße,
vom Bombenkrieg verschont.
In Nummer sechsundzwanzig
haben wir gewohnt.

Die Straße gibt es noch immer,
nur die Häuser drum herum,
die sind ja nun abgerissen –
zu dumm!

Das Haus in der Heininger Straße,
sein Abriss begann schon im Mai.
Jetzt ist es abgerissen:
Mit dem Häusle ist es vorbei.

Sie kamen in die Heininger Straße:
die Amis mit Panzer und Jeep.
Da war der Krieg zu Ende;
die Heininger Straße blieb.

Ach ja, die Heininger Straße,
dort, wo's nach Heiningen geht.
Neuseeland hieß früher das Viertel,
da, wo kein Haus mehr steht.

Die Heininger Straße fließt weiter
durch mein Trauergedicht.
Das Häusle abgerissen,
wenige werden's vermissen;
viele nicht.

MÖNCH MEIER AM GESTADE

Borkum, sagen die einen, es sei
Schiffbruch gewesen plus Strandräuberei.
Andre behaupten: ein Fest auf Rügen.
Wir wollen uns mit Rügen begnügen.

Strandfest: Es wurde am Grill nicht gespart.
Bierbänke, Windsurfen, so eine Art
Fischfußball, Luftballons, Grill und Drachen,
Stände mit Räucheraal; lauter so Sachen

wie Schießbuden, Grill und Möwengeschrei,
Sonnenschirm- und Strandkorbverleih;
Wattwandern, Nacktbaden, Muschelsuchen,
Sackhüpfen, Grillen und Streuselkuchen.

Sandburgenbau, Grill, Fackeln aus Teer –
Nacht bricht herein, und der Strand wird leer.
Das Fest verrauscht. Eigentlich schade.
Tags drauf – ohne Grill – ein Mönch am Gestade.

Gott zum Gruß! Es habe geklappt:
Er stehe Modell mit Erlaubnis vom Abt.
Man muss nur noch den Strand abräumen,
dann steht er, Mönch Meier! Die Wogen schäum

Ein Bild mit dem einsamen Mönch hängt in
der Alten Nationalgalerie in Berlin.

SONETT ANLÄSSLICH DES REGIERUNGSANTRITTS DER ANGELA M.

Angela, liebstes Kind! Ich darf Sie doch so nennen?
Mich treibt Poetenmut. Verwegen, wie ich bin,
wag ich, als ein Verehrer hier mich zu bekennen
der Blume Brandenburgs, des Mädchens aus Templin.

Einzug ins Kanzleramt. Jetzt ich, ein Blumenstreuer:
Ich mach Ihnen das Festprogramm! Angela, hier:
Posaunenchor, Gitarren, ringsum Freudenfeuer;
Arbeit und Kapital selbander im Spalier.

Schon herrscht das Glück. Vorbei die gute, alte Krise.
Oh, welche Wonne, welche Großkoalition!
Die Augen zu: Wir sind schon fast im Paradiese.
Dies ist die Stunde meiner Politikvision.

Ich lass, Frau Kanzlerin, mir meinen Wunderglauben
weder von Wirklichkeiten noch von Ihnen rauben.

Septemberende

September ist alle.
Was war da? Die Wahl!
Topf oder Tal?
Bimmel, Bommel, Bammel,
Himmel oder Hammel?
Hase? Unterhose?
Wurst oder Thrombose?
Oder eine Partei? Ach, was!
War nur Spaß!

September – fehlt.
Wer hat denn den Oktober gewählt?
Wenn isch den erwisch …

DER CARTOONIST

Der Cartoonist malt unbeirrt,
was meistens schlecht bezahlt wird.
Er wird gedruckt, veröffentlicht,
weil ohne das, da gibt's ihn nicht.
Der Cartoonist mit seinem Strich –
Verstehen Sie und du und ich? –
er macht die Welt schlagartig klar.
Man nickt, man schnauft: »Ho, ist doch wahr!
Da, schau's dir an! Der zeigt, wie's ist!«
Das macht der gute Cartoonist.

GEBET

Ich war noch zu klein,
um beim Führer ein richtiger Nazi zu sein.
Und nach dem Krieg, nach all den Toten,
da war's verboten.
Neue Nazis, da ham wir sie nun.
Was tun?
Verständnis zeigen?
Verachtung? Abscheu? Ängstlich schweigen?
Ach was:
Hier hilft nur Hass!

ZUGRIFF!

Staatsbesuch: Der Griff in den Schritt
gehört nicht zur Zeremonie.
Wenn hoher Gast die Szene betritt
vor der Militärkompanie,

dann heftet man ihm einen Orden an,
dann folgt die Hymnenpflicht.
Greift man ihm dann in den Schritt? Oh, Mann,
das tut man nicht!

Der Griff an die Eier des Gastes:
Skandal! Nur sehr selten passt es.

GELDLITERATUR
Drei Beispiele von Monetenlyrik

I
Der Welt
fehlt
Geld.
Hast du was?
War nur Spaß.

II
Noch eine Krise?
Nehmen wir diese:
Die Geldbedienung geht nicht mehr,
neue Batterie muss her.
Problem:
Woher nehm?

III
Die Wissenschaft hat festgestellt,
dass Blutwurst selten Geld enthält.
Finanzamt gibt nix her.
Wer jetzt kein Geld hat, der kriegt keines mehr.

Kassensturz im Klo?
Ach wo!
Und wo nix ist, Herr Organist,
da schweigen alle Flöten,
Kies, Kohle, Mäuse, Kröten.
Die Finanz macht alles zu.
Nu kommst du!

Kunst, Kulinarik und Musik

Das Fräulein aus der Höhle

Wie soll ich das Fräulein preisen,
sechs Zentimeter klein?
Ich will sie die Größte heißen,
die Schwäbin aus Elfenbein.

Die Wissenschaft hat festgestellt,
dass Frau oft sehr viel Kunst enthält,
die wir aus Höhlen haben.
Besonders bei Frau Elfenbein
könnt' Kunstgehalt kaum höher sein
weltweit und auch in Schwaben.

Was in der Höhle übrig blieb
vom damaligen Kunstbetrieb,
das war, was Forscher fanden.
Ein damaliger Höhlenmann
schnitzt' seine Frau in Mammutzahn.
Seitdem ist sie vorhanden.

DIE HIMMEL IN DEN BILDERN
VON BERND PFARR
Ein Choral

Lobet die Farben und freut euch auch über die M
Viele sind gut, doch Bernd Pfarr ist ein phänome
Ohne ihn wär'
u-hun-ser Himmel sehr leer.
Wir wüssten nicht, was uns fehlet.

Seht seine Himmel am oberen Rande des Bildes.
Unser Verlangen nach Glück, seht, er weckt es
und stillt e
Seht nur: Es glückt,
wie er die Himmel uns schmückt.
Ohne ihn blieben wir Blinde

Meist wolkenfrei und oft purpurgrundierte Mira
über den Dächern ein Farbfeuer ganz ohne Mak
Spürt ihr die Glut? Bernd, wie er gut daran tut,
unsere Wonne zu schüren.

Seine Personen im Bild, sie sind glücklich zu preisen,
ob sie nun Zeus, Eddi Birkel und Bruno Bär heißen.
Sie steh'n im Licht,
wissen es selber oft nicht:
Wie gut sie's in Bernds Bild haben.

HEIKE ZEICHNET
Für Heike Drewelow

Heike zeichnet. Was geht da vor?
Wie geht das?
Wo, wann, warum, wozu
und mit welchen Mitteln geschieht das?
Eins nach dem andern:

Was zeichnet Heike?

Es ist wie an jenem Schöpfungstag, als die Tiere
Feldes und des Waldes im Paradies erschaffen wu
den: Heike erschafft Tiere.
Meister Bertram hat auf seinem Grabower Altar
auch manche, ja viele, erschaffen und gemalt. Ma
kann das in der Hamburger Kunsthalle überprüfe
Heikes Schöpfungen sind hier zu sehen, und ma
findet Tiere, die weder in der Bibel noch beim
Bertram vorkommen.
Wie, wo und warum diese Schöpfungen?

Heike erschafft solche Tiere.
Die Tiere, die sind ihre.
Die lässt sie nie allein.

Es schwatzen Fuchs und Hasen,
sie füllen die Sprechblasen
meist zu zwein.

Sie zeichnet die Figuren
mit deutlichen Konturen
mit Strich auf dem Papier.

Hier möcht ich ungereimt einfügen, dass Heike
auch Tierbilder malt, meist in Acryl und auf dunk-
lem Hintergrund. Einzeltiere werde so erschaffen
von komischer Feierlichkeit und feierlicher Komik.
Wo waren wir stehen geblieben?

Ihre Wesen sind vorhanden
und selten einverstanden
mit Sitte und Moral.

So viel zum Tierverhalten,
gezeichnet- und gemalten
ganz egal.

Heike Drewelows Position in der
Kunstgeschichte?
Bitteschön:

Im Unterschied zu Michelangelo hat Heike relativ
wenig nackte Männer gezeichnet. Auch ihre
Schraffuren lassen zu wünschen übrig. Aber ihre
Tiere sind einzigartig. Allenfalls das Nashorn von
Longhi kann mithalten und Kaulbachs »Reineke
Fuchs«-Illustrationen. Halt: Die Katzen von
Almut Gernhardt sind in meiner Hitliste obenan.
Heike aber kann etwas, was nicht alle können: Sie
kann improvisieren. Früher, zu Bachs Zeiten, war
das Standard und Pflicht bei Musikern. Heike im-
provisiert grafisch. Und tierisch. Und sie über-
rascht uns – und sich selbst – mit ihren Tieren.
Heike, Zugabe!

Die gute Geige

Die gute Geige – Herrschaftszeiten! –
kann, gut gespielt, viel Spaß bereiten.
Doch diese Geige – Sakrament! –
sie tut nicht gut, ist voll Zement!
Ihr Ton
wie Beton.
Und viel zu leis'.
So'n Scheiß!

BIERLIED

Im schönsten Bierglasgrunde,
da schäumt ein blondes Bier
nicht weit von deinem Munde.
Dies Bier, das will zu dir.

Es will den Durst dir stillen
mit Hopfen und mit Malz.
Sei du dem Bier zu Willen:
Schütt es dir in den Hals.

VOM SCHÖNEN KNÖDELTUM
Für Vincent Klink

Vom Knödel möcht ich reden,
von seinem massiven Gehalt.
Der Knödel, der schmeckt einem jeden,
der schmeckt einem halt.

Der Knödel im großen Ganzen:
Kommt eine Marille darein,
drum rum recht schwere Substanzen.
Nur rund muss er sein.

Vom Knödel wollen wir singen
und knödeln mit vollem Mund,
bevor wir ihn – schluck! – verschlingen.
Er ist doch schön und rund.

Verglichen mit salzenen Stangen
in dürrer Länglichkeit –
wen tut's nach Salzstangen verlangen?
Na also: 's ist Knödelzeit!

Vom Knödel können wir lernen:
Rund wie die Kugel, und sie
gleicht dem Fußball, den Sternen.
Vollkommenheit, aber schon wie!

Der Erdknödel, auf dem wir leben …
Genug, das Essen wird kalt!
So lasst das Glas uns heben
auf Knödels Kugelgestalt!

Schön wölbt er sich über dem Teller,
doch mit zunehmendem Schmaus
erst stückweis, dann immer schneller
ist's mit der Vollkommenheit aus.

HULDIGUNGEN UND
GELEGENHEITSGEDICHTE

GELEGENHEITSDICHTER

Dieses häufige Gelichter
dichtet bei Gelegenheit
nicht erst heute, sondern seit
Jahren, ja Jahrhunderten,
dass sich viele wunderten,
wie wir Reim und Rhythmus finden
und damit noch Eindruck schinden
zu jeder Gelegenheit
jederzeit.

DIE FÜNF

So viel Dezembertage!
Advente sind nur vier.
Zu wenige? Ich frage:
Warum nicht mehr? Sind wir

mit vieren schon zufrieden?
Fünf wäre einer mehr.
So haben wir hienieden
die Viererbande. Wer

will, der kann erfahren,
wenn er Advente zählt,
wie viel pro Jahr es waren:
Vier Stück. Der fünfte fehlt.

Vier Kerzen siehst du brennen.
Mehr nicht. Wer weiß, wieso?
Die Fünf ist nicht im Rennen.
Das war schon immer so.

GESTRICHENE SZENE AUS »WALLENSTEIN«

Wie Klaus Maria Brandauer als Wallenstein
Christiane zuliebe die Inszenierung von Peter Stein
sprengt. Für Christiane Steltner

BOTE BERNSTEIN:

»Wer seid Ihr? Sagt, was ist Euer Begehr?«
So frug, mein Fräulein, mich der finstere Fürst
dort in der Kindl-Brauerei Neukölln.
Und mir war klar: Jetzt kommt es darauf an.
Ich holte meinen Zettel aus der Tasche.
»Mein Fürst, als Bote einer fremden Dame
gehöre ich auch nicht in Euer Stück,
doch bring ich hier« – so sagt' ich – »dieses
Briefchen.
Die Nummer drauf: die Tür zu Eurem Glück.«
Er nimmt, mein Fräulein, hastig diesen Zettel,
nimmt ihn zur Kenntnis, unterbricht die Szene
und murmelt Zahlen, memoriert die Nummer
und ruft die Wache:
»He, Wache!

Die Sache hier, sie duldet keinen Aufschub.
Verschiebt den Putsch, der Feldzug hat noch Zeit
Mein Pferd gesattelt! Was? Mein Kaiser schreit?
So lasst ihn schreien. Mich ruft Christiane.
Fritz Schiller und Herr Peter Stein,
sie können mir für heut' gestohlen sein.
Der Bote Bernstein hier soll mich vertreten,
so wahr ich Klaus Maria bin –«

Rodeln auf dem Briefumschlag
Für Rotraud Susanne Berner

Rotkäppchen rodelt: »Aus der Bahn!«
Tatsächlich, sie fährt mitten
im Schnee mit einem Affenzahn
auf einem Bleistiftschlitten.

Rodeln auf dem Briefumschlag,
es schneit zartrosa Kringel.
Welch ein glücklicher Wintertag!
Hörst du das Schlittengeklingel?

Und weißt du, wie viel Flocken weh'n?
Ich hab sie all gezählet.
Siebenundsiebzig kann man seh'n,
auch nicht eine fehlet.

Einer aber rodelt nicht:
der Adressenhase.
Er trägt im Hasenangesicht
eine rote Nase.

Rotraut Susanne Berner, sie
hat mir den Brief gezeichnet.
Glück und Applaus! Ich weißt jetzt, wie
sich ihre Kunst ereignet.

Im Buchhändlerkeller

Als die Berliner Mauer noch stand,
die wie so vieles plötzlich verschwand,
da gab's noch das alte Westberlin,
den Buchhändlerkeller mittendrin,
und hinter Mauer und Pfosten
rundherum den Osten.

Der Osten, das war das russische Reich,
der Ostblock – oder wie hieß das gleich?
Im Westen gab's das Wessiland –
so wurde Restdeutschland genannt.
Dort gab es auch die Bundeswehr,
wer dort nicht hinwollt', kam hierher.
Das alles gab's verdammt lang her.
Es war einmal und ist nicht mehr.

Die Zeit vergeht zwar immer schneller,
doch immer noch gibt es den Buchhändlerkeller.

GEDICHTTEILE
Für Fanny Müller

Mein Blick geht jeden Morgen aus dem Haus,
sieht Post und Baum und Dach.
Mein Gott: Das Dach, das Dach glänzt überaus
im Morgenlicht. Ein schönes Dach!

Schon faucht die S-Bahn pünktlich durch den
Schatten,
viel' Autos fahren drüber hin.
Mein Blick wird, Fanny, dir Bericht erstatten.
In diesem Sinn …

Das Lob der Nichten
werd' ich dichten.

Die Nichten sind die Kinder von Geschwistern.
Sie werden jetzt gelobt
nach allen Regeln und Registern
und ungeprobt.

Hast, Fanny, diese Nichten frei erfunden?
Gibt's die in echt?
Wenn sie's nicht gibt, sind sie verschwunden?
Gilt auch das Neffenrecht?

Die Verse voll, so viele Fragen offen.
Ich komm zum Schluss:
Wir wollen nur das Allerbeste hoffen.
'nen schönen Gruß!

Die Kurse stürzen!
Das ist der Kurssturz!
Das Jahr der Mathematik läuft:
Hier mein Zahlengedicht.

Drei, drei, drei,
die Zwei vorbei.
Zehn?
Mal sehn.
Macht siebzehn achtzig.
Zwanzig! Stimmt!
STOPP! Das wurd' zu teuer.

Fanny, hier das Tier des Tages.
Ich sag es:
Ich hab einen Admiral entdeckt.
Im Frühherbst auf der Fensterbank
hat er sich ungeschickt versteckt,
Gott sei Dank.
Ich hab ihn sofort abgemalt.
Es war ein kurzer Aufenthalt.
Was ist der Schmetterling
doch für ein wunderbares Ding.

Sonett mit Bart
Für Heinrich Dreidoppel

O Heinrich, Heinrich, bitte gib gut acht
und achte auf die Haare deines Barts.
Sie sind jetzt grau und waren einmal schwarz.
Die Zeit, die Zeit hat sie so grau gemacht.

Was sind die Bärte doch? Sie sind nur Haar
und sind doch eine Zierde des Gesichts.
Und ohne Bart ist das Gesicht rein nichts
wie jener weiße Neger wunderbar.

So schmückt der Bart so manches Männerhaupt,
so nützlich sind dekorative Bärte.
O Bart am Haupt, ganz Zärtlichkeit und Härte,
du wirst geflammt, wenn Heinrich es erlaubt.

So steigern Bärte unsre Existenz,
und wenn sie Feuer fangen, brennt's.

VOLLMOND
Von Peter Knorr

Mal wieder voll. Doch still und leise
macht sich der Mond auf seine Reise.
Er ist so breit, so zugeschlaucht,
dass er heut' wieder endlos braucht,
bis hinten links am Horizont
er endlich in die Gänge kommt.
So richtig hoch schafft er es nicht.
Zu abgefüllt. Zu voll. Mit Licht.
Doch immerhin, obwohl betankt,
wird nicht gewackelt, nicht gewankt.
Fast würdevoll, trotz vollem Kahn
zieht er mit Vorsicht seine Bahn.
Sehr niedrig. Bis zum Mandelbaum.
Dort hält er inne. Zögert. Kaum
merklich, aber im Bestreben,
sich ungeseh'n zu übergeben.
Doch dies ist nicht die Stelle.
Mit diesem Rausch. In dieser Helle.
Der Mandelbaum, der spanische,
spielt plötzlich ins Japanische:

ganz scherenschnittig ziseliert,
fein transparent da hindrapiert,
spreizt er sein Filigrangeäst,
was leider alles sehen lässt
vom Mond;
der das nun auch einsieht
und heiter trunken weiterzieht.
Was soll's? In einer knappen Stunde
wird unser Freund, der pralle, runde,
dort hinterm Berg verschwunden sein.
Da ist er ganz mit sich allein.
Da tut er's dann.
Weil ich ihn nicht mehr sehen kann.
Typisch.

HALBMOND
Für Pit Knorr anlässlich der
Verleihung des Bärenpreises

Pit, in Zeiten großer Krise
freu'n uns Abende wie diese.
Der volle Mond, gut abgefüllt,
fast ganz in Dunkelheit gehüllt:
Von seinem Lichtgepichel
siehst nur die krumme Sichel.

»Ein A formierend und ein Z,
dass keiner groß zu denken hätt'«,
so lehrt der Dichter Morgenstern.
Liebe Gemeinde, wir lernen gern.

Pit, gehst du später heut' zur Ruh,
nimmt Freund Mond ab, nimmt Freund Mond z
Doch dafür kriegt, wie jeder weiß
ab oder zu – Mond keinen Preis.
Ganz im Gegensatz zu dir,
voller Pit, denn du stehst hier

würdevoll im Rampenlicht.
Und das hohe Preisgericht
spricht den Bärenpreis dir zu.
Schubidubidubiduu!
Dafür Gratulation!
Pit, das hast du nun davon!
Typisch.

Die Karikatur-Kathedrale

Zur Weihe des Leinwandhauses zum
Caricatura Museum

Karikatuuuuur! Hört mich in höchsten Tönen:
Karikaturen-Troubadour!
Lasst Trommeln blasen und lasst Flöten dröhnen
Karikatur, Karikatuuuur!

Das Leinwandhaus, ich darf es hier besingen:
Am Dom viel alte Bausubstanz;
Museum jetzt, es zeigt vor allen Dingen
fundamentalen Firlefanz.

Hier wird geweiht! Wir feiern Premiere!
Wie prächtig prangt der alte Bau!
Hier kommt zu Ehren der Altäre
Karikatur. Was sonst? Genau!

Es feiern Gründervettern und -cousinen
mit Gründermutter Petra Roth,
Direktor Derchow. Über ihnen
strahlt Gründervater Chlodwig Poth.

Hier weihen wir die neue Witzzentrale,
erweisen unsern Zeichnern Reverenz
im Leinwandhaus, der Komik-Kathedrale.
Applaus für unseren Zeugwart, Achim Frenz.

Ist Frankfurt Hauptstadt der Satire?
Wahrscheinlich guckt wieder kein Schwein.
Frankfurter, auf, tun Sie das Ihre!
Und schon erglänzt die Pracht am Main.

MIT BETONUNG

*Gelegenheitsgedicht zum Literaturfest
in der Muffathalle*

In der dunklen Muffathalle,
wo die Nibelungen alle –
HALT! Es waren die Burgunder,
Gernot, Giselher und Gunter.
Alle gingen sie zugrund'.
Na und?
Gestern, Samstag, keine Toten.
Lyrik, Bier, Musik nach Noten.
Droben stehet die Kapelle.
Vorher virtuose, schnelle,
laute, sanfte Poesie.
Mit Betonung für die Ohren –
noch ist Lyrik nicht verloren,
ist sie doch so etwas wie
ein Mischmasch aus viel Melodie,
aus Rhythmus, Glück und Sinn –
So viel über das Gedicht.
Mehr weiß ich nicht.

Texte zur Malerei
Für Britta Clausnitzer

Flower-Power
Zippelblumer, Kullerblüh und Dengelgelb
Blusenblau und Kikkelrosa drüber weg
und dieses bunte Munkeldunkel drunter –
Uh, und so ein feines Xichtel, das sagt:
Ich hab die ganze Welt gemacht.

Wir sind die sieben Farben
und füllen die Figur.
Man rührt uns ineinander,
wir haben kein Kontur.
Wir schmelzen all zusammen,
wir machen süß und dick.
Das macht: Wir alle stammen
aus der Bonbonfabrik.

Welch ein Getümmel!
Alles durcheinander:
das Gren, das Blü, das Ret

und – ha! – auch du, das Gaulb!
Benimmt man sich so in einem Bild?

Tüpfel?
Nur ein wenig getüpfelt?
Auf dem schönen weißen Malgrund?
Na, ich muss schon sagen!

Und dann kommt so ein Rot daher,
als ob es Robert Redford wär'.
Ich wette:
direkt von der Palette.
Wie kann man nur so rot sein!

Zinnobergesang
I can give you anything but blue, baby.

Der Pinsel pfeift!
Da kringeln sich die Farben
vor Wi- vor Wa- vor Wonne.
Was gibt es da zu kringeln?
Der Pinsel pfeift!

GEBURTSTAGSSONETT
FÜR ANNA POTH

Anna, uns're Königin!
Königin, entschuldige,
wenn ich dir auch noch huldige.
Ich bin in Berlin.

Bin nicht auf deinem großen Fest.
Doch als ein heftiger Verehrer,
Anna, bin ich einer derer,
die huldigen, wenn man sie lässt.

Anna, was sagst du?
Geburtstag, da geht's zu!
Du musst dich feiern lassen!

Königin, Gratulation!
Anna, sag – wir warten schon –
sag endlich: »Hoch die Tassen!«

MEHRERE VERSE EINES TRAUERSEGLERS

Zum Tod von Robert Gernhardt

Lieber Robert,

hast die Wasseramsel verhört
so sagen die Ornithologen –,
hast den Schwarzspecht gespottet und den Pirol,
auch den Wiedehopf, Upupa epops.

Wusstest, wer Glanz im Gefieder hat.
Ich weiß nur – Eisvogel – einen.
Halt: Blaurake schimmert – jawohl! – in Blau!
Viele von uns kennen keinen.

Kanntest Maler der seltensten Art
von Jan van Eyck bis Hopper;
sie haben das Sonnenlicht uns offenbart
mit Pinsel und Farbe in Bildern.

Eckersberg, ter Borch und Konrad Witz,
Kersting – noch einer, wie heißt er?

Vermeer, Robert Gernhardt, Pieter de Hooch:
ein Reigen seliger Meister.

Tiere erschufst du dein Leben lang
in Worten und in Bildern.
Wardst wie dein munterer Kragenbär
nie müde, sie zu schildern:

Schnuffi sieht im Land des Reims
Finken, die hinken, Dohlen, die fohlen.
Nur die Meise, ohne Scheiß',
soll stubenrein ihre Notdurft verrichten.

Es wölben sich Nachrufe. Himmelhoch
errichtet die Presse Altäre.
Schön und gut, tags drauf da lesen wir noch
Bestattungsberichterstattung.

»Wie soll es ohne ihn weitergehen?
Sein Geist schwebt über uns allen«,
so lässt jetzt »Bild« aus Ottos Mund
den Grabgesang erschallen.

Robert, hast alles viel besser gesagt,
wir müssen dich nur zitieren:
»Wo du auch hingehst – Ich bin schon da.«
Wir können dich nicht mehr verlieren.

HOCHZEITSVORBEREITUNGEN
AUF DEM LANDE

*Zum Hochzeitsfest von Nole & Fritz Waechter
in Eichenrod am 26.6.2004*

Als Kaiser Rotbart lobesam
nach Eichenrod zum Hoffest kam
mit allen seinen Frauen,
da klingelt's. »Hallo?« – »Gott ist dran.«
Wann er ihn denn mit Dschingis Khan
in Fulda könne trauen?

Die Zeit verstreicht als wie ein Traum.
Der König der Eichhörnchen wechselt den Baum;
der Bär wurde Dritter im Brummen.
Das klingelt's. Gott selber am Apparat:
Für Herrn von Riedesels Konkubinat
empfiehlt er den Hansel, den Dummen.

Der Hansel aus Dirlammen war – ganz schnell –
ein Achtundvierziger, ein Rebell!
Hat lang im Gefängnis gesessen.

Dem Riedesel gehören noch heute der Wald,
der Fisch und das Reh und das Bier, und bald
gehört dem Riedesel Hessen.

Jahre später – noch gar nicht lang her –
kam Waechter aus Frankfurt nach Eichenrod. Er
kam, eine Schule zu gründen.
Die Schüler und Lehrer im alten Haus
wirft er – pardauz! – aus dem Schulhaus hinaus
samt allen ihren Sünden.

Den ältesten Lehrer, den Dr. Sinn,
den stellt er auf die Bretter hin,
die, wo die Welt bedeuten.
Mit neuem Schulungsmaterial
erfreut er international
seine Schüler vor allen Leuten.

Auf Zettel an einem Erwachsenenpaar
»Die haben gefickt« zu lesen war.
So lernen jetzt Erstklässler schreiben.
»Sie nennen es küssen. Findest du's toll?«,
fragt der Hahn das Huhn. Das Huhn, das soll

auch nicht dumm und unwissend bleiben.
Es lehrte und lernte so manches Jahr,
wer dort grad zu Gast im Schulhaus war,
Tischtennis, Theater und Dichten,
Silvesterfeiern und Fußball und Boule.
Ach, in der Neuen Frankfurter Schul'
gibt's so viele neue Schulpflichten.

Und immer tönen im Wiesengrund
Brahms' Violinsonaten und
von Bach die Sologeige.
Wenn – »Was ihr wollt« – und wie ihr wisst,
Musik der Liebe Nahrung ist,
spiel weiter, Nole, ich schweige.

Eine letzte Strophe noch? Ja? Oder zwei?

Dann wieder klingelt's. »Hallo?« – »Wer sonst?
O Waechter, der du dies Schulhaus bewohnst,
wie lange soll ich noch warten?
Denk an die Nöte der Frau Pastor
und wie ihr im Winter ihr Schlüpfer erfror;
ihr Schlüpfer im Winter im Garten.«

Dann fragt der HErr noch: »Alles klar?«
»Nö!«, sagt der Waechter, und das war
der Stand der letzten Dinge.
Weshalb ich nun zu guter Letzt
Obacht, gleich kommt's! Drei, zwei, eins, jetzt! –
meinen Toast ausbringe:
Prost! Cheerio! Zum Wohle!
Hoch leben Fritz und Nole!

HABEN ODER SEIN ODER
DIE WAHRE LIEBE

Zum 70. Geburtstag von Herbert Rosendorfer

Herr Haben liebt Frau Sein.
Er lädt sie zu sich ein.
Frau Sein sagt: »Gut, ich komm.
Doch eines müssen Sie mir versprechen, ja?
Bitte, bitte, kein Wort über jenes Buch –
Sie wissen schon – von Erich Fromm.«

Herr Haben, der verspricht's.
Von Fromm, da sagt er nichts.
Dies Buch ist streng tabu.
Um acht sind sie per Du.

Um zehn sind sie im Bett.
Wie frommlos das oft geht.
Zum Frühstück nimmt sie Tee;
Herr Haben trinkt Kaffee.

Sie schaut ihn zärtlich an:
Ein wunderbarer Mann!
Er macht ihr keine Pein
mit Haben oder Sein.

Ihr fragt, was weiter noch gewesen?
Sie haben »Die junge Maria Stuart« gelesen.
Lieblingsgeschichte von ihr.
Herbert, ich gratulier!

EINE SAU
Für Rainer Hachfeld zum 50. Geburtstag

Eine Sau?
Genau!
Die Sau verkörpert – man erriet's –
unsere Pi-Pa-Politjustiz.
Talar bis zum Bauch, auf'm Schweinskopf Barett,
untenrum nackig und dicklich und fett.
Sie ist in Rainers satirischem Zoo
ein kleineres Tierchen – aber oho!
Er zeichnet es zierlich und lieb und präzis –
richtig fies.
Er hat nicht den stolzen Eber gemeint,
der frei durch die wilden Wälder schweint
Er zeigt die wild gewordene Sau,
das staatlich grassierende Schweinchen Schlau.
Hast, Rainer, die Justiz zur Sau gemacht?
Sie hat's von alleine so weit gebracht.
With a little help from her friends –
man kennt's!

Dereinst aber, Rainer, wird's – vielleicht
- unter Umständen
- hoffentlich
- woll'n mal seh'n

anders sein
Und ein Schwein ist ein Schwein ist ein Schwein
ist ein Schwein.

SAUBLÖDE SPÄHAFFÄREN

Es läuft deine Nase, aus dem Hals Gebell:
ein Infekt! Mein Geheimdienst, mach schnell!
Schon rasselt der Durchfall, und
                                        schluckweise Schleim.
Spuck's aus! Von wegen geheim!

Doch Lauras erster Wackelzahn –
geheim? Wen geht er an?
Da! Er ist raus! Schon wird er gespeichert.
Dieser Verlust hat uns alle bereichert.

Und dieses Gedicht? Brillante Satire!
Herr Großinquisitor, tun Sie das Ihre!

Zu Zeichnungen von Chlodwig Poth

Die Dicke in Weiss

Da schreitet sie in der Schraffuren Hülle
und überdenkt ein üppiges Rezept,
indes sie prall gefüllt die Tüte schleppt.
In Tüte und Gedanken welche Fülle!

»Rührei, fünf Eier werden wohl genügen.«
Fünf Eier nur? Nimm lieber ein paar mehr!
Dann lohnt sich der sofortige Verzehr
am eig'nen Herd. Hau rein! Und viel Vergnügen!

»Sicherheitshalber brat ich gleich fünf Klöße.«
Es ist sehr heiß, der Sommer ist sehr groß.
So wirst du deine Pfunde nicht mehr los!
Dein weißes Hemd passt in der Übergröße.

Ach, Geist und Schönheit? Hat doch keinen Zweck!
All mein Gedanken: … aber reichlich Speck.

RADFAHRER-HASSBLATT

Wie Würste eingehüllt in bunte Häute
und um die nied're Stirn ein Frotteeband –
Was treibt um Himmels willen diese Leute
raus auf die Straße? Es ist eine Schand'.

Ein bucklicht' Keuchen über den Pedalen,
so strampeln sie gradaus und starren Blicks;
ihr Hinterteil freut sich an Sattelqualen.
Humanität und Geist gilt diesen Ärschen nix.

Seht, was uns alle ärgert: das gemeine,
das nied're Weltgesindel, zu nix nutz!
Der Zeichner macht den Radlern dicke Beine
und Helme: Auch der leere Kopf braucht Schutz.

Ach, Chlodwig: Diese Deppen auch noch hassen
Sie müssen sich von dir ja zeichnen lassen.

HERRGOTT UND SATAN
IN OFFENBACH

Sonntag war's, und zwar schon vor Jahren,
da sind zwei Figuren zur Erde gefahren:

Herr Herrgott und Satan, ein Komikerpaar
im Auftrag von Chlodwig in Offenbach war.

Es ist schon ein seltenes Stadttheater:
Satan in Offenbach mit Gottvater.

In Stücker sechs Bildern, ohne Schnitt
laufen die beiden; der Ton läuft mit.

Um sie herum und über sich ganz
erbarmungslos moderne Bausubstanz.

Die zwei sind viel mehr als nur Staffage:
Sie gehen im Vordergrund, geraten in Rage,

sie reden über Architektur
und über den Niedergang unsrer Kultur.

Chlodwig zeichnet – er hat das studiert –
hässliche Häuser, sorgfältig schraffiert,

haarscharf auf Kante, nix verschwommen.
Gott, ist die Gegend heruntergekommen!

Offenbach strotzt vor Unwirtlichkeit:
Nix als Beton, Beton. Und so weit

der Federstrich reicht, er lässt nichts aus,
Chlodwig zeichnet Haus um Haus

und auch das geringste der städtischen Übel:
das Grünzeug am Boden im Betonkübel.

»Herrgott! Keine Beschönigung mehr!
Warum duldest du das?«, sagt der Teufel. Und Er

der Herr: »Schrei mich nicht so an!«
Der Teufel verzweifelt, er leidet; und dann

findet man sie in der trostlosen Straße
an einer Wasserhäuschen-Oase.

Bei Jägermeister und Pils, da ruht
der theologische Disput.

Gottvater wird schließlich abgeholt
von seinem Sohn Jesus. Der Teufel grollt.

Im vorletzten Bild sein verzweifelter Schrei:
»Großmutter, Großmutter, steh mir bei!«

Wenigstens hier, in diesem Falle
hat der Teufel recht: »Gott verscheißert uns alle.«

Chlodwig, der Zeichner und Philosoph,
seine Botschaft: »Gott ist doof.«

SOSSENHEIM
Hesse liebt Türkin oder
»Romeo und Julia in Sossenheim«

Es zieht eine nächtliche Straße
zum Fluchtpunkt hin mitten im Bild.
Am Himmel die sprechende Blase;
zwei Liebende vorn. Man spielt

eine alte Liebesgeschichte
in Sossenheim wohl in der Nacht
im trüben Laternenlichte,
was sie nicht erfreulicher macht.

Sein Vater darf nichts erfahren
vom heimlichen Rendezvous,
von der Liebe, der wunderbaren.
Er flüstert: »Scheiße, du!«

Ihr Vater darf nichts davon wissen.
Sie weiß: »Der schlägt mich tot.«
Die Lage ist echt beschissen.
Sie stehen im Liebesverbot.

EINE HALTESTELLE IN SOSSENHEIM

Sprechblasen steigen auf. Der Schnee bleibt liegen.
Da stehen sie, zwei Mann hoch und ein Kind,
an einer Haltestelle; und sie sind
von solcher Art, die nichts gebacken kriegen.

Dort im Bikini blüht eine Reklame:
Ein Model zeigt den golden schönen Leib.
Davor im Kopftuch sitzt ein altes Weib
vor dieser überlebensgroßen Dame.

Was jene beiden Männer töricht reden,
Chlodwig hört alles und vergisst es nicht.
Schon stellt er beide vor das Weltgericht,
und das erwischt bei Poth nicht jeden.

Ein Nichts ist ihr Geschwätz und leeres Stroh –
Warum erfreut uns Chlodwigs Zeichnung so?

SOSSENHEIM ÜBERHAUPT

Ein Rest von Himmel über dichte Dächer,
die Häuser hat man hier gut abgedeckt
zum Schutz der Schrankwand, die darinnen steckt.
Rauputz und Fachwerk schützen die Gemächer.

Oh, seht: Es blitzen die Schraffuren.
Die spitze Feder, die er dazu nimmt,
ist, nicht gelogen, »spitz«, und »Feder« stimmt:
Mit bunten Tinten gibt er Baustrukturen.

Und seht, wie aus dem Bildrand halben Leibes
von unten einer stramm ins Bildfeld ragt.
Was dieser Mitbürger uns Schönes sagt,
ist nicht verloren. Chlodwig, schreib es!

HANDWERKER-HASSBLATT

Drei Täter lärmen überlebensgroß.
Im Stockwerk drunter sehen wir das Opfer
der Pressluftbohrer, Hacker, Wandaufklopfer.
Handwerker sind im oberen Geschoß.

Seht, wie der Zeichner diese Meister schafft.
Die Feinde sind's der Stille und des Schweigens.
»Dann wolln wa wieda!«, sagen sie und zeigen's.
Sie können's! Seht, wie er tobt mit letzter Kraft

im Stockwerk drunter, unser Schmerzensmann.
Der Zeichner wollt' durch Grafik uns verstören.
Wir freuen uns: Wir können ja nix hören.
Er zeichnet, was er nicht ertragen kann.

Man wollte ihn mit Krach und Lärmen morden.
Wär' er's nicht schon: Er wär' zum Künstler worden.

DER UNTERGANG DER DDR 1962

Was sich da auftut: eine tiefe Schlucht!
Ein ganzer Staat ist einfach weggebrochen.
Verwirrt, wie blöd kommt an den Rand gekrochen
wer nach ihm sucht.

»Da donnert es und kracht mit einem Mal!«,
sagt so ein Mann und kann es gar nicht fassen:
Wo vorher Staat war, klafft ein weites Tal
öd und verlassen.

Hört, ihr Leut', und lasst euch von mir sagen:
Poth ist allmächtig. Was hat sich zugetragen?

Im Jahre zweiundsechzig,
da war auf einmal Ruh':
Die DDR war weg. So rächt sich
der Wunschtraum der CDU.

Die DDR ist verschwunden
mit Mauer, Mann und Maus.
Sie wurde nie mehr gefunden.
Und die Geschicht' ist aus.

KLEINKRAM UND
LYRISCHE STÖRFÄLLE

Der Untergang des Abendlandes

Der Untergang des Abendlandes?
Grad war's noch da – und dann verschwand es.

SEELENHEIL

Körperkäfig, Seelenfass!
Ziemlich voll? Wie das? Mit was?
Voller treuer Ungeheuer!
Und als neuer Hilfsbetreuer
dient mein Überich.

KLEINREIMBEUTEL

Nicht so laut.
Schaut:
Nachbar ein Holzhäusle baut.
Und er hämmert, schraubet, ruft:
»Sitzt, passt, wackelt und hat Luft.«

Lauf, Nachbar, lauf!
Dein Hosenstall steht auf!
Geh hin und sündige fortan!
Ist Frau Nachbarin heute dran?
Lauf, Nachbar, lauf!

DER STRUMPFKAUF

Hab auf dem Markt fünf Strümpfe gekauft.
Man schön darin lauft, man gut darin lauft.
Zwischen Schuh und Fuß die Socken
halten warm und trocken.

WAS IST PASSIERT?

Was ist passiert?
Ich hab mich rasiert!
Hab den Bart mir geschoren;
ich hab mich rasoren
Es war ja nur
Was heißt hier »nur«? –
die Nassrasur

BLICK, MEIN BLICK

Blick, mein Blick, geh aus nach Norden.
Sieh nach, ob es schon hell geworden.
Morgengrauen um halb vier, halb fünf,
                  halb sechs, halb sieben?
Raus? Oder im Bett geblieben?

LUST

Sie reitet auf seines Leibes Mitten,
sie hüpft und schreit vor Glück.
Sie ist weit fortgeritten.
Komm zurück!

Jeder Schatten

Jeder Schatten stellt seinen Gegenstand
schützend vor die Sonne:
Lichtempfindlichkeit.

Dem Gibbon ähnlich

Heb, o Mensch, die Hände hoch,
schleifen sonst auf Erden.
Heb sie hoch, und du wirst noch
gibbonähnlich werden.

WEIN AUF REIM

Wein auf Reim
das lass bleim;
Reim auf Bier
rat ich dir.
Nur Reim auf Licht –
geht nicht.

HUHNSTURZ

Huhn stürzt vorbei am Vulkan.
Darinnen brät einsam der Hahn.

Jauchzet, frohlocket!
Doch still, man kommt!
Verdammt,
der Herr vom Ordnungsamt!
Kein Weihnachtsoratorium?
Sommers nicht? Ach so, darum!

ZWEIZEILER

Zweizeiler reimen sich am Schluss,
sonst stimmt was nicht mit diesem Vers.

Noch einmal die Siebzehn

Ich habe siebzehn Ängste.
Die Langstreckenangst ist die längste.
Eine ist ganz kurz:
Angst vorm Furz.

TITELLOS

Das Veilchen schreit:
»'s ist an der Zeit.«
»Ist viel zu spät«,
Frau Rose kräht.

Huhu, da johlt Frau Nachtigall.
Der Zilpzalp lässt es krachen.
Charlie Hamster macht Krawall.
Die Katze hat gut lachen.

Brumm der Bär
und Zack die Ente,
wer die beiden flüchtig kennte,
hielte sie für ein böses Paar.
Wie wahr!

Katze kratzt am Hosenstall,
der geht auf mit einem Knall:
Maus kommt raus.
Aus.

Siebenhundert Bücherfinken
fegen das Büro.
Ohne sie und ihre flinken
Besen wär's nicht so
sauber.

Die Katz, die hat's,
sie hat das Dingelingeling,
das der Maus am Schwänzchen hing.

Kreuzkümmel, Knoblauch, Sackzement
Ha, ich glaub, mein Kittel brennt.

TIERISCHES
Für Petrus Akkordeon

»Das Klavier
bleibt hier!«,
sagt der Pianistenknecht.
So geseh'n ist jedem klar:
Es bleibt alles, wie es war.

Der Schöpferhase schöpft Verdacht.
Das hat er bis jetzt gemacht.
Denn er ist
Polizist.

Auch in unserer Gemeinde
hat die Bratwurst viele Feinde,
die sich diesen fetten Happen
schnappen.

Liebe und Albatross

Ein mittelgroßer Albatross
ist ohne Liebe halb so groß.
Liebt er, nimmt er zu.
Und du?

Am Stock

Kurz
nach dem Sturz –
Jetzt geh ich am Stock.
ROP TOCK TOCKTOCKTOCK TOCK-
TOCKTOCK ROCK
TOCK
Obacht, Schwelle
HELP

DREI DINGE

Drei Dinge nenn ich, inhaltsschwer:
der Lachsack, noch was, weiß nicht mehr
(Bitte schön: Gemeint sind noch die Kniegeige
und der Sockenhalter)

Der Wasserrohrbruch

Was geht hier vor?
Das Wasserrohr!
Es ist nicht dicht –
Obacht!
Es bricht!
Rasch Eimer her.
So viel vom Wasserrohrbruch.

HOSENROT

Mancher Mann trägt rote Hosen
in der Hosenrotanstalt:
Mancher, der die übergroßen
Unterhosen drüber schnallt.
Einer trägt dazu
lila Schuh.
Das ist der alte Hosengott.

Ehre seinem Namen
und allen seinen Damen.
Unterschlupf im Hosenstall
findet er auf jeden Fall.
Doch soll er unser Leitbild sein?
Nö!

Ich will heim
Doch ich komme aus dem Reim
nicht mehr raus.
Nur mit härtester, akkurater Trockenprosa
ist das zu schaffen.
Mit Mut und Kraft –
Geschafft!
Geschafft mit Kraft und Mut,
das ging ja grade noch mal …

Verzeichnis der Gedichttitel und *-anfänge*

205